AF452034

SECOND MÉMOIRE

POUR LA DEMOISELLE

LE GUAY D'OLIVA.

ANALYSE ET RÉSULTAT

des récolemens & confrontations.

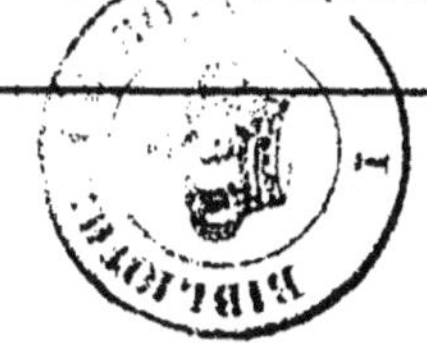

SECOND MÉMOIRE

POUR LA DEMOISELLE

LE GUAY D'OLIVA,

FILLE MINEURE, ÉMANCIPÉE D'AGE,

ACCUSÉE; .

CONTRE M. LE PROCUREUR GÉNÉRAL,

ACCUSATEUR;

présence de M. LE CARDINAL-PRINCE DE ROHAN, de la dame DE LA MOTTE-VALOIS, du sieur RÉTAUX DE VILLETTE, du sieur DE CAGLIOSTRO, & autres ; tous co-accusés.

ANALYSE ET RÉSULTAT
des récolemens & confrontations.

A PARIS,

Chez P. G. SIMON, & N. H. NYON, imprimeurs du parlement, rue Mignon, quartier S. André-des-Arcs.

M. DCC. LXXXVI.

ANALYSE ET RÉSULTAT

DES

RÉCOLEMENS ET CONFRONTATIONS,

POUR la demoiselle LE GUAY D'OLIVA, fille mineure, émancipée d'âge, accusée;

CONTRE M. LE PROCUREUR GÉNÉRAL, *accusateur;*

EN *présence de M. le* CARDINAL PRINCE DE ROHAN, *de la dame* DE LA MOTTE - VALOIS, *du sieur* RÉTAUX DE VILLETTE, *du sieur* DE CAGLIOSTRO & *autres, tous co-accusés.*

DANS le temps où la demoiselle d'Oliva n'avoit encore que des récits à présenter aux magistrats, il pouvoit convenir qu'elle parlât elle-même. Ses faits étoient extraordinaires, mais simples ; ils étoient vrais, plusieurs étoient déja prouvés, mais le moment des contradictions n'étoit pas encore venu. La demoiselle d'Oliva ne discutoit point : elle racontoit. Et pour cela, qu'avoit - elle besoin d'autres interprétes , que sa candeur, sa bonne foi, son innocence ?

Aujourd'hui, ce ne sont plus des faits, ce sont des moyens qu'on lui demande.

Ses premiers efforts avoient dissipé quelques parties des

épaiffes ténebres dont s'étoient envelopés le crime & fes auteurs. C'étoit l'aurore d'un jour pur & fans nuages, qui devoit bientôt luire fur tous les accufés, effrayer les coupables, & raffurer les innocens. Ce jour eft arrivé.

Du choc des défenfes refpectives, qu'a produit l'inftruction du procès, a jailli une grande & vive lumiere, par laquelle s'eft éclairé, s'il eft permis de s'exprimer ainfi, tout l'immenfe horifon que l'œil de la loi cherchoit à parcourir. La demoifelle d'Oliva refpire; elle jouit d'une clarté fi propice à l'innocence. De nouvelles preuves font venues en foule, au fecours de cette infortunée.

Ce font ces preuves, qu'il faut maintenant analyfer, pefer, déveloper, apprécier. Ce font ces preuves, dont il faut faifir & donner le réfultat. C'eft une matiere qui n'appartient qu'au défenfeur. Il eft temps que ce foit lui qui parle.

Que la curiofité publique fe repofe donc à la vue de ce fecond écrit. Il n'eft pas fait pour elle. Elle y chercheroit en vain un aliment qui pût lui plaire.

Cet attrait piquant de la nouveauté; cette bizarre fingularité des événemens; cette naïveté touchante, qui intéreffe tous les hommes, parce qu'au milieu même de leurs paffions factices & de leurs mœurs dépravées, ils éprouvent encore malgré eux le puiffant empire du naturel, & qu'ils confervent fouvent plus d'eftime pour ce qu'ils ont voulu perdre, qu'ils n'en ont pour ce dont ils croient jouir; tous ces avantages, que pouvoient avoir les récits de la demoifelle d'Oliva, n'exiftent plus. Les faits dont elle a rendu compte, font connus de toute l'Europe. Ils n'ont plus droit d'étonner perfonne.

Ce qu'on doit chercher, ce qu'on exige ici, c'eft

le complément de la preuve de ces faits. Ils ont paru vrais,
parce qu'ils étoient rendus fans ornement & fans art ; mais
leur vraifemblance même devient un engagement de plus
d'en démontrer la réalité.

Voilà l'objet que nous nous propofons : difcuffion
froide & feche, que dédaigneront les lecteurs oififs, mais
qui, fur-tout dans ces derniers inftans, peut feule intéreffer
le juge, & faire le falut de l'accufé.

M. le cardinal de Rohan prétendoit que la dame de la
Motte, pour rejetter fur lui une infâme efcroquerie dont
elle étoit coupable & s'appliquoit le profit, avoit fauffement
fuppofé, par le moyen d'une perfonne apoftée, lui avoir
procuré une entrevue avec la reine, dans les jardins de
Verfailles. Et cette perfonne apoftée, que le miniftere public
& M. le cardinal de Rohan ont accufée de s'être prêtée
à une fupercherie auffi criminelle, & d'en avoir reçu le fa-
laire de la dame de la Motte ; c'eft la demoifelle d'Oliva.

La dame de la Motte foutenoit qu'elle ne connoiffoit pas
la demoifelle d'Oliva ; qu'à peine l'avoit-elle vue deux fois ;
qu'elle ne lui auroit pas fait la confidence d'un crime auffi
grave ; qu'elle n'avoit enfin fuppofé aucune entrevue de
M. le cardinal avec la reine.

En même temps que, dans fes requêtes, M. le cardinal
de Rohan reprochoit à la demoifelle d'Oliva, *que les circonftances n'étoient pas rendues par elle, comme elles avoient eu
lieu en effet ; qu'en s'avouant coupable d'un artifice mercé-
naire, elle en déroboit les détails aggravans ; qu'en un mot,
forcée d'avouer le fait principal,* tout ce qu'elle pouvoit faire,
étoit *d'effayer d'adoucir la févérité des loix, en atténuant fa
faute ;* la dame de la Motte, dans fes mémoires imprimés,

reprochoit à la demoiselle d'Oliva, *que le fait* de la fcène du parc, étoit *d'une abfurdité inconcevable*, *& tel que la plume fe refufoit, pour ainfi dire, à l'écrire ;* que la demoifelle d'Oliva étoit *une nouvelle actrice*, *qui venoit continuer fur la fcène de l'inftruction, le rôle fantaftique qu'elle s'accufoit d'avoir joué dans les jardins de Verfailles, comme fi cette autre fable pouvoit être liée à l'affaire capitale ;* enfin que fi le public étoit inftruit des caufes fecrettes qui avoient provoqué le mémoire de la demoifelle d'Oliva & *tant* d'autres, *il fentiroit qu'on vouloit le diftraire du grand objet qui occupoit plus férieufement la dame de la Motte ;* mais *qu'elle ne s'en effrayeroit pas ; puifque l'intrigue fentoit le befoin qu'elle avoit, de réunir les partis les plus oppofés.*

Ainfi, lors même que M. le cardinal de Rohan réuniffoit tous fes efforts, pour inculper la demoifelle d'Oliva, pour la faire juger complice d'une partie des crimes de la dame de la Motte ; celle-ci ne s'efforçoit pas moins de la rendre fufpecte à la juftice, à l'autorité, au public, & de faire entendre, que fervilement dévouée aux intérêts de M. le cardinal de Rohan, elle confentoit à s'avilir, pour lui être utile. Les réticences font un genre d'éloquence plus commode & plus fûr pour la calomnie, que les difcours les plus clairs & les plus énergiques. Quand le calomniateur s'arrête, après avoir commencé de parler, on fuppofe toujours plus de mal qu'il n'en veut dire ; on fuppofe fouvent tout le mal qu'il veut faire entendre, c'eft-à-dire tout celui qui n'exifte pas. La dame de la Motte ufant de cet art malheureufement trop commun, & non moins facile que meurtrier, ne manquoit pas auffi de préfenter des réticences, qui lui fervoient tout à-la-fois, & à la difpenfer d'entrer dans des détails dont elle n'auroit pu fe tirer fans honte, & à faire fuppofer, de

la

la part de fes co-accufés, d'autres délits dont elle connoiffoit parfaitement l'impoffibilité.

Etrange & cruelle fituation de la malheureufe d'Oliva , & telle peut-être , que jamais accufé n'en éprouva de femblable ! La demoifelle d'Oliva eft forcée de fe dif- culper vis-à-vis de M. le cardinal de Rohan, d'avoir , de concert avec la dame de la Motte, joué un rôle infâme, pour le tromper ; & vis-à-vis de la dame de la Motte, d'avoir fervi M. le cardinal de Rohan, pour la perdre. Il faut qu'elle prouve elle-même le fait dont elle eft accufée, comme il faut qu'elle prouve que ce fait n'eft point un crime.

DANS notre légiflation , comme dans toutes les autres, on entend par *délit* ou *crime* , toute action commife avec une détermination précife & un deffein formé , de nuire & de faire injure.

Ainfi , pour qu'il exifte un crime, un délit quelconque, il faut néceffairement que deux chofes concourent : l'intention & le fait.

L'intention : c'eft-à-dire cette détermination précife & ce deffein formé, de nuire & de faire injure.

Le fait : c'eft-à-dire cette même détermination & ce même deffein, réduits en acte.

De forte que fi l'intention a exifté feule, & fans le fait ; ou fi le fait a exifté feul , & fans l'intention ; il n'y a , ni délit à conftater, ni coupable à punir.

En un mot, point d'intention de nuire, réduite en acte ; ou point d'acte, avec intention de nuire ; point de délit ; & , par conféquent, point de punition.

Il réfulte de-là , que l'objet de toute inftruction crimi- nelle, eft de conftater s'il exifte, ou non, un délit tel que

nous venons de le définir ; & dans le cas où il exiſte, d'eu
connoître l'auteur, & de lui infliger la peine de la loi.

Il réſulte de-là :

D'un côté, que toute accuſation doit avoir pour baſe la
preuve de l'exiſtence d'un délit ;

Et d'un autre côté, que toute accuſation tombe d'elle-
même, lorſque cette preuve-manque ; à plus forte raiſon,
lorſqu'il eſt prouvé que le prétendu délit n'exiſte pas.

Cette doctrine eſt vraie, ſalutaire & juſte. Elle eſt puiſée
dans la nature des choſes. Elle porte ſa preuve avec elle-
même. Elle eſt enſeignée par tous les juriſconſultes, &
conſacrée par toutes les loix & par les arrêts de toutes nos
cours ſouveraines.

**Application
des principes.** APPLIQUONS-LA ; cette ſaine doctrine, à la partie du
procès, qui frape ſur la demoiſelle d'Oliva. Voyons ce
qu'a voulu faire & ce qu'a fait cette malheureuſe accuſée ;
ſi elle a voulu commettre & ſi elle a commis un crime ; ſi
elle a eu l'intention de nuire & de faire injure, & ſi elle l'a
ſciemment exécutée.

**Trois époques
de faits, par
raport à la de-
moiſelle d'O-
liva.** SES faits ont trois époques :

1°. Les viſites & les propoſitions qui lui ont été faites à
Paris, par les ſieur & dame de la Motte :

2°. Le voyage qu'ils lui ont fait faire à Verſailles, & ce
qui s'y eſt paſſé :

3°. La conduite qu'ils ont tenue avec elle, & celle
qu'elle a tenue elle-même, après ſon retour à Paris.

Fᵉ époque. LE ſieur de la Motte eſt député par ſa femme, chez la
demoiſelle d'Oliva, dont il venoit de faire la connoiſſance.

Il est simple gendarme, sans fortune, perdu de dettes. Mais la demoiselle d'Oliva l'ignore. Mais il se qualifie *comte de la Motte*. Mais il se présente comme un officier d'un rang supérieur, comme environné de protections augustes qui le porteront aux premieres places de son état.

Un matin, il vient dire à la demoiselle d'Oliva, qu'il connoît une femme de qualité, qui parle d'elle avec intérêt. Il ne la nomme point. Il promet seulement de la lui amener le soir même. La demoiselle d'Oliva ignore également quelle peut être cette femme de qualité.

Ceci se passe dans les premiers jours du mois d'août 1784.

La prétendue femme de qualité, la dame de la Motte, vient en effet le soir, chez la demoiselle d'Oliva. Ce doux sourire de la perfidie, ce ton faussement affectueux, ces caresses faussement enfantines, tous ces petits mots insignifians & tendres, qui appellent, qui excitent, qui déterminent si puissamment la confiance dans une jeune personne sans expérience, & sans connoissance des usages de nos grandes sociétés ; la dame de la Motte les met en œuvre auprès de la demoiselle d'Oliva. Peut-elle manquer de réussir ?

La dame de la Motte ouvre son porte-feuille, en s'annonçant comme une grande dame attachée à la cour. Elle pousse l'effronterie jusqu'à montrer plusieurs lettres, qu'elle assure lui être écrites par la reine ; jusqu'à dire, qu'elle est honorée de toute la confiance de sa majesté, que sa majesté *l'a chargée de trouver une personne qui puisse faire une chose qu'on expliquera, quand il en sera temps.* On a jetté les yeux sur la demoiselle d'Oliva. *Si elle veut s'en charger*, la dame de la Motte *lui fera présent de 15000 livres ;* & les graces pleuveront sur elle. *On ne se nomme point ;* mais *on dira bientôt qui l'on eſt.* Et même ſi la demoiſelle d'Oliva *veut des ſûretés pour les 15000 livres,* on ira *tout-à-l'heure chez un notaire.*

La demoiſelle d'Oliva ne ſauroit ſe refuſer à une demande qu'elle ſuppoſe lui être faite au nom de la reine. *Elle ſeroit trop flattée de pouvoir faire quelque choſe qui fût agréable à ſa majeſté, pour avoir beſoin d'être excitée par aucun autre intérêt.*

Et quand il lui ſeroit encore reſté quelques doutes, ils ſe ſeroient diſſipés à ces paroles déciſives : *M. le comte de la Motte viendra vous chercher demain ſoir, avec une voiture, & vous menera à Verſailles.*

Et le lendemain, dans l'après-midi, le ſieur de la Motte ſe rend avec une voiture de remiſe, chez la demoiſelle d'Oliva, & la conduit à Verſailles.

Ce jour-là, le ſieur Lenau, loueur de carroſſes, à Paris, en loue deux aux ſieur & dame de la Motte. Son regiſtre-journal en doit faire foi. Lui-même & ſon cocher ſont des témoins non ſuſpects. L'un des deux carroſſes étoit pour le ſieur de la Motte & la demoiſelle d'Oliva ; l'autre, pour la dame de la Motte & ſa femme-de-chambre, qui partoient auſſi le même jour.

Ces faits étoient affirmés, conſtatés par les déclarations de M. le cardinal de Rohan & de la demoiſelle d'Oliva, dans leurs interrogatoires & leurs récolemens reſpectifs. Ils ſont aujourd'hui démontrés.

La demoiſelle d'Oliva étoit de ſi bonne foi ; elle étoit ſi fortement convaincue de la ſincérité des diſcours & des promeſſes de la dame de la Motte, qu'elle n'avoit pu s'en taire, qu'elle en avoit fait la confidence à pluſieurs perſonnes.

La veille même de son départ pour Versailles, elle l'avoit dit à la demoiselle Gillet, sa couturiere. Elle lui avoit dit *qu'elle venoit de faire la connoissance d'une femme de qualité, dont elle auroit 1500 livres de rente viagere, & qu'elle alloit partir pour Versailles.*

La demoiselle Gillet dépose de ce fait; & il est confirmé par la confrontation de l'accusée avec la demoiselle Gillet, qui ajoute même, qu'à son retour de Versailles, la demoiselle d'Oliva *n'en étoit pas devenue plus riche.*

La demoiselle d'Oliva avoit fait la même confidence au sieur Nathan, juif, son créancier. Elle lui avoit dit le même fait, & avec plus de détails. Et le sieur Nathan les dépose. Et ils sont encore confirmés par la confrontation de la demoiselle d'Oliva, au sieur Nathan.

Le sieur Nathan ne se rappelle point l'époque précise de la confidence. La demoiselle d'Oliva lui observe, qu'elle la lui a faite peu de tems après son voyage & la scène de Versailles. Il répond que tout ce dont il se souvient parfaitement, c'est que la demoiselle d'Oliva lui a raconté le fait, dans le tems qu'elle demeuroit rue du Jour. Or, cela s'accorde très-bien avec les déclarations de la demoiselle d'Oliva. Elle demeuroit en effet rue du Jour, à l'époque de sa connoissance avec les sieur & dame de la Motte, au commencement d'août 1784; & ce n'est que sur la fin du même mois, ou dans les premiers jours de septembre suivant, qu'elle avoit quitté son appartement de la rue du Jour, pour en occuper un autre rue neuve Saint-Augustin, qu'elle avoit retenu depuis le premier juillet.

Si donc c'est l'indiscrétion de la demoiselle d'Oliva qui l'a fait arrêter, accuser & décréter; c'est aussi cette indiscrétion qui, faite dans des tems non suspects, dans l'année

1784, bien avant qu'il fût queſtion du procès, prouve invinciblement, & ſa bonne foi, & le crime de ſes ſéduĉteurs.

Le ſieur de Villette, d'abord entendu comme témoin, puis décrété, déclare dans ſa dépoſition, & avoue dans ſes interrogatoires, qu'il eſt allé à Verſailles dans une des deux voitures de remiſe, louées par la dame de la Motte ; que le ſieur de la Motte eſt venu prendre la demoiſelle d'Oliva, chez elle, dans cette voiture ; que c'eſt dans cette voiture, & avec la demoiſelle d'Oliva & le ſieur de la Motte, qu'il a fait le voyage.

A ſa confrontation avec la demoiſelle d'Oliva, il affirme & ſoutient les mêmes faits.

La demoiſelle d'Oliva obſerve alors, qu'elle ne ſe rappelle point ſi le ſieur de Villette étoit dans la voiture avec elle & le ſieur de la Motte. Et la négative ou l'affirmative ſont également indifférentes, quand il eſt prouvé, quand il eſt avoué par le ſieur de Villette, que, le même jour, il eſt allé à Verſailles ; qu'il y étoit le lendemain ; qu'il étoit préſent à la ſcène des jardins.

Le ſieur de Villette affirme & ſoutient, qu'il a connu la demoiſelle d'Oliva, dans le mois de juillet 1784, & qu'il a été amené chez elle, par le ſieur de la Motte.

La demoiſelle d'Oliva convient qu'en effet le ſieur de la Motte lui a amené le ſieur de Villette ; mais elle ſoutient en même-tems, que ce ne peut être qu'après le voyage de Verſailles, & la ſcène des jardins.

Et il finit par l'avouer. Et il finit par avouer préciſément, que les déclarations de la demoiſelle d'Oliva ſont exaĉtes, relativement à tous les faits dont il a connoiſſance.

Le pere Loth, religieux minime, dépoſe avoir accompagné la dame de la Motte, dans ſa voiture, lors de ſa premiere visite chez la demoiselle d'Oliva ; que la dame de la Motte y est montée seule ; qu'il étoit resté, & l'avoit attendue dans la voiture ; que le 10 ou 11 août 1784, il a vu partir deux voitures de louage, de la maison de la dame de la Motte où il étoit en ce moment ; & qu'il a su que le sieur de la Motte étoit monté dans l'une des deux voitures, & allé prendre la demoiselle d'Oliva, pour la mener à Versailles ; tandis que, de son côté, la dame de la Motte étoit montée dans l'autre, avec sa femme-de-chambre, pour le même voyage.

La demoiselle d'Oliva est confrontée au père Loth, & il rend le même compte de tous ces faits. Il prétend même que le départ pour Versailles est du 11 août 1784.

La demoiselle d'Oliva répond, comme elle avoit toujours fait, qu'elle ne se le rappelle pas précisément.

Et en même-tems, elle déclare s'en raporter à lui, sur l'époque précise du départ ; soutenant seulement, comme elle avoit toujours fait, & comme cela est prouvé au procès, que la scène des jardins de Versailles n'avoit eu lieu que le lendemain de son arrivée.

Tous ces faits sont donc encore demeurés constans, malgré les dénégations de la dame de la Motte.

Mais voyons la demoiselle d'Oliva aux prises avec la dame de la Motte elle-même

La dame de la Motte paroît devant la demoiselle d'Oliva. Elle avoue qu'elle la reconnoît, ce qui n'est pas une des choses les moins étonnantes, après des dénégations si multipliées.

On lit à la dame de la Motte les déclarations judiciaires de la demoiselle d'Oliva. Elle entend l'effrayant récit de ces écrits supposés, de ces fausses lettres, qui décelent les plus criminelles profanations d'un nom sacré.

A cette lecture, la dame de la Motte pâlit, frémit, f
déconcerte. Toutes les agitations, toutes les angoisses d
crime en proie aux terreurs du châtiment, viennent f
peindre dans fes mouvemens, dans fes geftes, dans fo
maintien, dans tous les traits de fa phyfionomie.

Elle fixe fes regards fur la demoifelle d'Oliva, & cherch
à rencontrer les fiens. Elle faifit avec avidité le premie
inftant où elle les rencontre. Elle lui fait des clins d'yeux
des fignes de ne pas foutenir les faits relatifs à ces lettres.

Ces clins d'yeux, ces fignes, elle les réitere jufqu'
quatre fois.

La demoifelle d'Oliva, toujours fidele à la vérité, s'e
indigne. Elle n'y peut réfifter. La patience lui échape. Ell
fe permet d'interrompre la lecture : « Madame, vous ave
» beau me faire des fignes : je foutiendrai, toute ma vie
» ce que j'ai déclaré à la juftice, parce que c'eft la vé
» rité. »

Je vous fais figne, répond la dame de la Motte en fu
reur: *oui, je vous fais figne que vous êtes un monftre, d'avo
dit ce que vous avez dit.*

« Hélas! madame, c'eft vous qui êtes un grand monftre
» de m'avoir fait faire, ce que malheureufement j'ai fait
» comme l'aveugle inftrument de vos intrigues ! »

Avant la lecture, on avoit demandé à la dame de l
Motte, fi elle avoit des reproches à propofer contre l
demoifelle d'Oliva.

La loi permet à l'accufé de reprocher les témoins
mais elle veut auffi qu'il ne propofe que des reproch
pertinens & juftifiés.

Les reproches de la dame de la Motte, contre la demo
felle d'Oliva, ne font qu'un vil ramas d'injures grofliere
C'e

eft la fureur, c'eft la calomnie en délire. Des infultes troces, & pas l'ombre de preuve. A dieu ne plaife que nous oulions en fouiller la défenfe de la demoifelle d'Oliva ! *Elle 'eft mal comportée dans les fociétés* de la dame de la Motte. Elle *n'y étoit point honnête.* Elle *y commettoit des indécences.* C'eft à quoi fe réduifent tous les prétendus reproches de la ame de la Motte.

Et la dame de la Motte termine ces invectives calomieufes, par dire que, fi elle a ceffé de voir la demoifelle l'Oliva, c'eft que fa focieté lui faifoit tort ; & par avouer u'elle en avoit été d'autant plus fâchée, que la demoifelle 'Oliva *lui avoit toujours paru très-douce & très-honnête.*

Elle finit par avouer, qu'elle avoit fait connoiffance vec la demoifelle d'Oliva, avant que celle-ci fît le voyage e Verfailles.

Elle finit par avouer, qu'il y a eu d'abord une conférence ntr'elles.

Elle finit par avouer, qu'avant le voyage de Verfailles, lle & fon mari font allés chez la demoifelle d'Oliva.

Elle finit par avouer, que la demoifelle d'Oliva a fait : voyage de Verfailles.

Elle finit par avouer, que c'eft avec le fieur de la Motte, n mari, que la demoifelle d'Oliva eft allée à Verfailles.

Qu'elle entremêle ces aveux importans & décififs, de its étrangers au procès, de fables ridicules, d'impoftures bfurdes, fur la fortune, fur les affaires, fur les embarras, ir les chagrins réels ou fuppofés de la demoifelle d'Oliva ; 'eft ce qui n'eft pas digne d'occuper les magiftrats, ce font es détails oifeux dans lefquels nous n'avons pas befoin 'entrer.

Il faut s'en tenir aux aveux qu'on vient de voir.

C

Après tout cela, la dame de la Motte ofe nier avoir dit à la demoifelle d'Oliva, *qu'elle étoit attachée à la cour, & qu'elle avoit la confiance de la reine.*

Elle ofe nier *avoir fait* à la demoifelle d'Oliva, *la propofition d'exécuter pour la reine, une chofe qu'on lui expliqueroit, & pour laquelle on lui donneroit 15000 livres, indépendamment d'un cadeau de la part de fa majefté.*

Elle ofe nier lui avoir fait, *une pareille confidence, qu'elle n'eût jamais faite dans une premiere entrevue.*

Elle ofe nier l'avoir faite ; *parce que c'eût été s'expofer à fe perdre ; qu'elle n'étoit pas affez bête pour cela ; & qu'elle l'auroit plutôt fait faire par quelque perfonne de fa connoiffance.*

Elle ofe nier *avoir offert 15000 livres à la demoifelle d'Oliva ; parce que fi elle eût fait cette offre, la demoifelle d'Oliva n'auroit pas manqué de l'accepter, à caufe du dérangement de fes affaires.*

Que devoit répondre la demoifelle d'Oliva aux prétendus reproches de la dame de la Motte ? Ce qu'elle a répondu : tout ce qu'avance la dame de la Motte, par raport à mon perfonnel, eft tout-à-la-fois faux, abfurde, étranger au procès.

Quant aux faits relatifs au procès, elle foutient qu'ils font tous également vrais ; qu'elle les a précédemment atteftés à l'autorité, à la juftice, & qu'elle les atteftera toujours.

Mais qui croiroit ce qu'on va lire, s'il n'étoit déjà configné dans la défenfe imprimée de M. le cardinal de Rohan, fi déjà toute l'Europe n'en étoit inftruite ?

La dame de la Motte vient de nier fes fauffes promeffes & fes fauffes confidences à la demoifelle d'Oliva. *C'eût été*

s'expofer à fe perdre ; & elle n'étoit pas affez bête pour cela.
Eh ! qui eft-ce qui refufe à cette femme , le génie de l'intrigue, la profondeur des vues dans l'intrigue ? Mais qui ne fait auffi, que tel eft le caractere de la paffion, fur-tout de cette vile & infernale paffion de l'or ; qu'elle ne raifonne jamais, que fur ce qui peut la mener à fon but ; qu'elle a les yeux fermés fur tous les périls qui l'environnent ; ou que fi elle les entrevoit, bientôt elle les oublie, ou fe fait une gloire de les braver ? Non certes, la dame de la Motte *n'étoit pas bête ;* mais fon exécrable cupidité l'entraînoit à l'intrigue, au vol, à l'efcroquerie, au faux, aux profanations du nom le plus augufte ; fa paffion vouloit qu'elle *s'expofât à fe perdre.* Auffi s'eft-elle perdue.

La dame de la Motte vient de nier avoir *offert 15,000 liv. ;* *que la demoifelle d'Oliva n'auroit pas manqué d'accepter, à caufe du dérangement de fes affaires.* Oui, la demoifelle d'Oliva étoit malheureufe. Auffi l'offre a-t-elle été acceptée. Auffi la dame de la Motte a-t-elle payé à la demoifelle d'Oliva 4,268 liv. à compte des 15,000 livres.

Encore une fois, qui le croiroit, après toutes ces nouvelles dénégations de la dame de la Motte ? Dans fes confrontations ultérieures avec les autres accufés, avec le fieur de Villette, forcée de parler, ne fachant que répondre, faifie à l'afpect de la vérité terrible qui la domine, & vient l'éclairer malgré elle ; elle finit encore par avouer tout ce qu'elle vient de nier, & fa vifite imprévue chez la demoifelle d'Oliva, & les fauffes confidences, & les fauffes promeffes, & tout ce que la demoifelle d'Oliva venoit de lui foutenir.

Tous ces faits paffés à Paris, avant le voyage de Verfailles, font donc prouvés, démontrés, avoués. La dame de la Motte, le fieur de la Motte, lé fieur de Villette, font les coupables; & la demoifelle d'Oliva eft la victime innocente qu'ils ont immolée à leurs funeftes paffions.

Suivons maintenant à Verfailles les fieur & dame de la Motte, le fieur de Villette, & la demoifelle d'Oliva; fuivons-les dans les jardins; & fi nous fommes indignés de la fcène impie qui va s'y jouer, cherchons au moins à l'obferver avec affez d'attention, pour diftinguer l'aveugle & innocente coopératrice, d'avec les acteurs véritablement coupables.

IIe époque. LE fieur de la Motte vient enlever la demoifelle d'Oliva de chez elle; il l'entraîne à Verfailles.

La dame de la Motte, qui étoit partie avec fa femme de chambre, au moment même où les deux voitures étoient forties de fa maifon, étoit arrivée la premiere. Elle venoit au-devant d'eux. Ils la trouvent à la grille du château.

Elle fait arrêter. Elle fait defcendre de voiture fon mari & la demoifelle d'Oliva; & dit au premier, de conduire la demoifelle d'Oliva chez elle. Elle difparoît; & fon mari, accompagné de la femme de chambre, conduit la demoifelle d'Oliva dans leur hôtel, place Dauphine; & difparoît à fon tour.

Au bout de deux heures, le mari & la femme reviennent à l'hôtel. *La reine venoit d'apprendre*, difoient-ils, *l'arrivée* de la demoifelle d'Oliva. Sa majefté *en avoit reffenti le plus grand plaifir; & defiroit, avec la plus vive impatience, le lendemain, pour voir comment la chofe fe pafferoit.*

La demoifelle d'Oliva cherche en vain à concilier fa joie, avec le refpect dont elle fe fent pénétrée pour fes généreux hôtes; elle fe laiffe emporter par un mouvement de curiofité: *Qu'eft-ce donc que cette chofe, que*

vous voulez que je faſſe ? « C'eſt la plus petite choſe du
» monde : vous le ſaurez, dit la dame de la Motte. »

Et, dans cet inſtant, pour renforcer l'illuſion, la dame
de la Motte daigne enfin apprendre à ſon humble protégée,
ſon nom & ſon état. Elle eſt la femme du *comte de la Motte.*
On l'appelle, à la cour, *la comteſſe de Valois ; & c'eſt
ſous cette qualité, que lui écrit la reine.*

Il étoit convenable de rapprocher un peu la demoiſelle
d'Oliva, du haut rang d'une *comteſſe de la Motte - Valois,*
ou *Valois la Motte,* titres de dignité que la dame de la
Motte prend alternativement, comme on le voit par ſes mémoires, quoique l'un ne lui appartienne pas plus que l'autre.

En conſéquence, les ſieur & dame de la Motte décorent
à l'inſtant la demoiſelle d'Oliva, du titre de *baronne d'Oliva :*
métamorphoſe non moins ridicule qu'inſolente, de laquelle il
falut bien qu'elle s'accommodât, pour plaire à ces illuſtres
protecteurs.

C'étoit dans la nuit du lendemain, que devoit ſe jouer
cette indigne ſcène, aujourd'hui ſi connue, & dont il a tant
coûté à la demoiſelle d'Oliva de donner, dans ſon premier
mémoire, des détails dont nous n'aurons le courage de
reprendre que ceux qui feront néceſſaires pour l'intelligence
des confrontations.

Le lendemain, & pour la premiere fois de ſa vie, la
demoiſelle d'Oliva eſt ſervie, à ſa toilette, par deux
femmes. L'une eſt Roſalie : c'eſt la femme de chambre de la
dame de la Motte ; l'autre, c'eſt la *comteſſe de Valois,* c'eſt
cette femme ſuperbe, c'eſt la dame de la Motte elle-même.
Tant il eſt vrai que l'intrigue fait ſe plier à tout, ſe ſou-
mettre à tout, s'honorer de ſes baſſeſſes, ſi elles peuvent
la conduire à ſes fins !

La demoifelle d'Oliva eft coëffée par Rofalie, fous les ordres & d'après le goût de la dame de la Motte ; mais c'eft la dame de la Motte elle-même qui l'habille. C'eft elle qui lui paffe une *robe blanche*, garnie d'un *deſſous roſe*. Jamais la jeune d'Oliva n'avoit été avilie par tant d'honneurs. Hélas ! Qu'elle étoit loin alors de penfer que bientôt elle feroit réduite à les pleurer toute fa vie !

Le fervice des deux femmes fini, la dame de la Motte reprend fon rang de comteffe, & fa dignité de protectrice. C'eft alors *la comteſſe de Valois*, qui préfente majeftueufe-ment une lettre à la jeune *baronne d'Oliva*, en lui difant que, ce foir, elle la conduira dans les jardins, où elle ren-contrera *un très-grand feigneur*, auquel elle aura foin de donner cette lettre.

Entre onze heures & minuit, la demoifelle d'Oliva fort avec les fieur & dame de la Motte, couverte d'un mantelet blanc, une *thérefe* fur la tête. Elle avoit la lettre dans fa poche.

Ils la conduifent au parc ; & la dame de la Motte lui remet une rofe, pour la donner, avec la lettre, à la perfonne qui fe préfentera devant elle, & à laquelle elle adreffera ces paroles : *vous ſaveʒ ce que cela veut dire*. C'eft, du moins, ce que croit fe rappeller la demoifelle d'Oliva.

« La reine s'y trouvera, pour voir comment fe paffera » l'entrevue. Elle vous parlera. Elle eft là. Elle fera derriere » vous. Vous allez vous-même lui parler tout-à-l'heure. »

Voilà la demoifelle d'Oliva tremblante, pénétrée d'effroi: la voilà perfuadée, convaincue, qu'elle fera vue par la reine.

La nuit eft fombre. L'inconnu fe préfente. La fcène fe joue.

La demoiselle d'Oliva se sépare de l'inconnu. Elle se etrouve, à quelques pas plus loin, avec le sieur de la Motte, tandis que, de leur côté, la dame de la Motte & 'inconnu disparoissent ensemble.

Le sieur de la Motte reconduit la demoiselle d'Oliva; &, ur les deux heures après minuit, la dame de la Motte arive, & dit *qu'elle sort de chez la reine, qui est très-contente le ce qui s'est passé.*

Le lendemain, nouvelle fraude, nouveau prestige. Avant e dîner, les sieur & dame de la Motte font à la demoiselle 'Oliva la lecture de cette lettre, qu'ils disent être de la eine, & adressée à la dame de la Motte, sous le nom de *nadame la comtesse de Valois :* « Je suis très-contente, ma chere comtesse, de la personne que vous m'avez procurée. Elle s'est acquittée de son rôle, à merveille, & je vous prie de lui dire d'être assurée d'un sort heureux. »

Enfin, après le dîner, le sieur de la Motte reconduit Paris, la demoiselle d'Oliva, dans une voiture de la our.

Tous ces faits font-ils prouvés? Oui, sans doute, ils le ont; & mieux encore, s'il est possible, que ceux de la remiere époque.

Le sieur Nathan dépose que, peu de tems après e voyage de Versailles, la demoiselle d'Oliva lui a dit, jue la même femme de qualité qui lui avoit promis 15,000 l., ou 1500 livres de rente, l'avoit menée à Versailles; qu'un oir, elle l'avoit conduite dans le parc, où un prince étranger toit venu lui rendre ses hommages.

A la confrontation avec ce juif, la demoiselle d'Oliva lui bserve qu'elle ne lui a point parlé d'un prince étranger, venu pour lui rendre ses hommages; mais qu'elle lui a seu-

lement dit , qu'un grand feigneur étoit venu l'aborder ref-
pectueufement.

La fcène des jardins de Verfailles étoit donc encore racon-
tée par la demoifelle d'Oliva , au fieur Nathan , dans un tems
non fufpect , & bien avant qu'il fût queftion du procès.

Mais voici quelque chofe de plus pofitif encore. La demoifelle d'Oliva eft auffi confrontée à Rofalie , la femme de
chambre de la dame de la Motte. Cette Rofalie avoue l'arrivée de la demoifelle d'Oliva , à Verfailles , avec les mêmes
circonftances que celle-ci avoit expofées. Elle avoue avoir
coëffé la demoifelle d'Oliva. Elle avoue qu'elle a vu habiller
la demoifelle d'Oliva , par la dame de la Motte. Elle avoue
que , la nuit , la demoifelle d'Oliva eft allée au parc.

Elle ne fe rappelle pas précifément , fi fa maîtreffe eft
fortie en même tems , avec la demoifelle d'Oliva , *parce
qu'elle étoit alors dans une chambre à côté ;* mais elle eft fûre
que le fieur de la Motte accompagnoit , dans cette prome-
nade , la demoifelle d'Oliva , & qu'il étoit forti avec elle.

Elle fe reffouvient qu'enfuite fa maîtreffe l'ayant fonnée ,
elles font forties enfemble , pour les aller chercher ; mais que
ne les ayant pas rencontrés , elles font retournées à l'hôtel ,
où elles les ont retrouvés.

Prenez garde : la demoifelle d'Oliva a couché deux nuits
à Verfailles , chez les fieur & dame de la Motte ; car ce
n'eft que dans la nuit du lendemain de fon arrivée , que la
fcène s'eft jouée dans les jardins. C'eft un fait conftant au
procès , un fait avoué par la dame de la Motte , le fieur de
Villette & la femme de chambre.

Rofalie entend-elle parler ici de la premiere nuit ? En ce
cas , il eft très-poffible que le fait qu'elle raconte foit arrivé ;
mais la demoifelle d'Oliva ne fe le rappelle pas ; & rien n'eft
plus

plus indifférent au procès. Il eſt fort indifférent, que, la premiere nuit, la demoiſelle d'Oliva ſoit allée ſe promener au parc, avec le ſieur de la Motte ſeul, ou avec le mari & la femme. Il eſt fort indifférent qu'elle y ſoit allée avec le ſieur de la Motte ſeul, que ſa femme ſoit venue avec Roſalie, les y chercher, & qu'elle ne les y ait pas trouvés.

Roſalie entend-elle parler de la ſeconde nuit, où s'eſt paſſée la ſcène ? C'eſt ici que la demoiſelle d'Oliva l'interpelle de dire ſi, durant cette ſeconde nuit, la dame de la Motte n'étoit pas ſortie deux fois. Et l'on en ſent la raiſon. Il étoit effectivement très-poſſible que le ſieur de la Motte fût d'abord allé au parc, ſeul avec la demoiſelle d'Oliva ; qu'enſuite, la dame de la Motte y fût allée avec ſa femme de chambre, pour les y joindre ; qu'après les y avoir cherchés en vain, elles en fuſſent parties, & les euſſent retrouvés en rentrant à l'hôtel ; qu'enfin, les ſieur & dame de la Motte fuſſent ſortis une ſeconde fois, & retournés au parc, avec la demoiſelle d'Oliva, pour la ſcène projettée. Dans ce cas, le récit de Roſalie n'a rien de contraire à celui de la demoiſelle d'Oliva.

Et à cette interpellation, à toutes ces réflexions, que répond Roſalie ? Qu'*elle n'en ſait rien, qu'elle ne s'en ſouvient pas.* Et comment, en effet, pourroit-elle *ſavoir* ce qui s'eſt paſſé par raport aux promenades nocturnes de la dame de la Motte ? Ne vient-elle pas de déclarer formellement, qu'*elle ne ſe rappelle pas ſi ſa maîtreſſe eſt ſortie en même ſems avec la demoiſelle d'Oliva, parce qu'elle,* Roſalie, *étoit alors dans une chambre à côté ?*

Ainſi donc, quelqu'interprétation qu'on veuille donner aux déclarations de l'une & de l'autre, le récit de la demoiſelle d'Oliva n'eſt point contredit par celui de la femme de chambre. Loin qu'il foit détruit, ou feulement atténué, il refte tout entier à la charge de la dame de la Motte & de fon mari.

Enfin, Rofalie convient que la demoifelle d'Oliva & le fieur de la Motte font partis de Verfailles, de la maniere que l'explique là demoifelle d'Oliva.

M. le cardinal de Rohan viendra-t-il contredire la demoifelle d'Oliva, dans fa confrontation avec elle ?

Ils ne fe connoiffoient pas ; ils ne s'étoient jamais vus, qu'au moment de la fcène des jardins, & par une nuit fort fombre ; & même, ils ne s'y étoient pas vus deux minutes.

M. le cardinal de Rohan & la demoifelle d'Oliva déclarent donc tous deux, qu'ils ne fe connoiffent point.

M. le cardinal dit, que ce n'eft pas dans le parc, mais dans les jardins, que s'eft paffée la fcène : & la demoifelle d'Oliva répond fimplement, *qu'elle n'a pu faire la diftinction entre le parc & les jardins, parce qu'elle ne connoiffoit point le local.*

M. le cardinal dit, qu'il eft poffible que la dame de la Motte ait fait placer la demoifelle d'Oliva, derriere une charmille, afin de ne pas être vue ; mais que la fcène s'eft paffée dans une allée : & la demoifelle d'Oliva répond fimplement, *qu'elle fe rappelle, qu'après avoir été placée par la dame de la Motte, auprès d'une charmille, elle s'eft avancée dans une allée, lorfqu'elle a entendu marcher l'inconnu.*

M. le cardinal dit, qu'il n'a pas vu que la demoifelle d'Oliva lui préfentât, ni lui remît une rofe : & la demoifelle d'Oliva répond fimplement, *qu'elle lui a préfenté la rofe ; mais que fon trouble extrême & l'obfcurité de la nuit l'ont empêchée de voir s'il l'avoit prife, ou laiffé tomber.*

M. le cardinal dit, qu'il n'a pas entendu ces paroles,

ous ſavez ce que cela veut dire ; mais qu'il a cru entendre
elles-ci, *le paſſé eſt oublié*, parce que la dame de la Motte
ui avoit donné l'eſpoir qu'on devoit les lui dire : & la
emoiſelle d'Oliva répond ſimplement, *qu'elle ne ſe rappelle
as préciſément les termes dont elle s'eſt ſervie*, à cauſe du
rouble dont elle étoit ſaiſie au moment de cette ſcène ;
ais qu'elle croit avoir dit, *vous ſavez ce que cela veut dire*,
u quelque choſe d'à peu près ſemblable, *parce qu'il lui
mble qu'elle n'avoit pas été chargée de dire autre choſe*.

M. le cardinal dit, qu'il n'a point oui ces paroles, *vîte,
îte, venez* ; mais ſeulement celles-ci, *voilà madame & ma-
ame comteſſe d'Artois* : & la demoiſelle d'Oliva dit ſimple-
ent, qu'elle ne croit pas avoir entendu d'autres paroles
ue celles-ci, *vîte, vîte, venez* ; mais qu'au ſurplus, *elle
oit ſi troublée*, ſi violemment émue, *qu'elle n'avoit d'autre
eſir*, ni *n'étoit occupée que de ſe retirer bien vîte* ; & qu'elle
e peut affirmer au juſte, ni ce qui s'eſt dit, ni ce qui s'eſt fait.

Que conclure de tout ceci ? Que M. le cardinal & la
emoiſelle d'Oliva ne ſont nullement contraires en faits ;
u'ils different dans quelques faits acceſſoires, qui ne touchent
oint au fond ; qu'ils ne ſe contrediſent dans aucun ; qu'ils
nt parfaitement d'accord ſur le fait principal. Il s'eſt joué,
ans une allée des jardins, une ſcène nocturne, imaginée,
rdonnée, dirigée par la dame de la Motte. M. le cardinal
eſt préſenté à la demoiſelle d'Oliva. Elle lui a parlé. Ils
nt été ſéparés par la dame de la Motte, qui les trompoit
us deux. Voilà le fait principal qu'il s'agiſſoit de prouver ;
t il l'eſt.

Dans la confrontation de la dame de la Motte, avec la
emoiſelle d'Oliva, la premiere ſe garde bien, comme on
eut croire, de parler des détails de la ſcène nocturne.

Elle l'avoit niée dans ſes interrogatoires : il faloit qu'au moins elle perſiſtât dans une partie de ſes dénégations.

Mais elle eſt ſi vivement preſſée par la demoiſelle d'O-liva, qu'elle eſt auſſi forcée d'en abandonner une partie.

Elle convient de quatre faits capitaux, qui préſuppoſent & décelent tous les autres.

Elle convient que la demoiſelle d'Oliva eſt venue à Ver-ſailles avec le ſieur de la Motte. Auſſi la demoiſelle d'Oliva l'a-t-elle toujours dit ainſi.

Elle convient qu'elle lui a prêté une *thérèſe*, pour aller ſe promener, le ſoir, dans le parc, avec le ſieur de la Motte. Auſſi la demoiſelle d'Oliva n'a-t-elle ceſſé de dire, que, dans la ſcène du parc, elle avoit une *thérèſe* ſur la tête.

Elle convient qu'elle eſt allée les y chercher, avec Ro-ſalie, ſa femme de chambre. Auſſi la demoiſelle d'Oliva n'a-t-elle ceſſé de dire, que la dame de la Motte étoit préſente à cette ſcène noƈturne, dont elle conduiſoit toute l'aƈtion. Et il eſt fort indifférent qu'elle ſoit allée, ou non, ſe promener avec ſa femme de chambre.

Elle convient que, le lendemain, le ſieur de la Motte & la demoiſelle d'Oliva, ſont repartis pour Paris, dans la même voiture avec laquelle ils étoient venus. Auſſi la de-moiſelle d'Oliva n'a-t-elle ceſſé de dire, que, le lendemain de la ſcène, le ſieur de la Motte l'avoit reconduite à Paris. Et il ſeroit fort indifférent, que le ſieur de la Motte eût ra-mené la demoiſelle d'Oliva dans la même voiture qui les avoit menés à Verſailles. Et il l'a ramenée dans une voi-ture de la cour, comme on peut le voir ſur le regiſtre du bureau, comme on peut s'en aſſurer par le témoignage du cocher, comme l'ont atteſté Roſalie & le ſieur de Villette.

Ce fieur de Villette, cet intime ami de la dame de la Motte, convient, dans fa confrontation avec la demoifelle d'Oliva, *qu'il étoit à Verfailles, le jour de la fcène des jardins ;* que le fait de cette fcène eft de la plus exacte vérité ; que *le jour de cette fcène,* la demoifelle d'Oliva étoit *en robe blanche, avec un deffous rofe ; qu'il fe promenoit dans le parc, au moment de cette fcène ; qu'il a fu tout ce qui s'y étoit paffé*, en rentrant à l'hôtel, parce que les deux dames en avoient beaucoup ri.

Cela feroit déjà plus que fuffifant.

Qu'importeroit en effet, qu'après la fcène, & dans le refte de la nuit, on eût plaifanté fur cette fcène même , en préfence de la demoifelle d'Oliva, & en nommant M. le cardinal de Rohan, comme en ayant été dupé ? Qu'importeroit que la demoifelle d'Oliva eût eu la cruauté d'en rire elle-même ? Ce feroit un moyen de plus pour lui , mais non pas un délit par raport à elle , dès que l'on conviendroit que tout cela n'auroit eu lieu, qu'après la fcène. Il en réfulteroit toujours, qu'elle n'auroit rien fu, qu'après la fcène ; & ce feroit encore une preuve de fon innocence. Mais la demoifelle d'Oliva, ni dans cette nuit, ni dans aucun autre temps, n'a jamais entendu nommer M. le cardinal de Rohan, foit par les fieur & dame de la Motte, foit par le fieur de Villette ; elle n'a jamais fu que depuis le procès, qu'il eût été queftion de M. le cardinal de Rohan. Et comment fuppofer que ces intriguans fi habiles & fi exercés euffent commis une pareille indifcrétion ?

Au furplus, *un feul témoin, point de témoin.* Cette maxime eft connue de tout le monde. Le fieur de Villette eft témoin unique, fur le fait de ces plaifanteries. La demoifelle d'Oliva le nie. Il n'en faut pas davantage, pour l'écarter.

Écoutez ici la demoiſelle d'Oliva , inſpirée par l'amour de la vérité , par le ſentiment de ſon innocence : elle parle au ſieur de Villette : « vous avez dû ſavoir, avant de ren-
» trer , tout ce qui s'étoit paſſé dans la ſcène. Vous étiez le
» confident de la dame de la Motte. Elle ne faiſoit rien, ſans
» vous, ni ſans vous en prévenir. Je n'ai, ni ri, ni plaiſanté ſur
» M. le cardinal de Rohan, après la ſcène. Je n'ai, ni vu, ni
» entendu la dame de la Motte, en rire, ni en plaiſanter. Si
» elle l'a fait, ce n'eſt pas en ma préſence. Tout ce que je lui
» ai oui dire , lorſqu'elle eſt revenue à l'hôtel, c'eſt qu'elle
» ſortoit de chez la reine, qui étoit, ſelon elle, enchantée
» de ce qui s'étoit fait. »

Et le ſieur de Villette réplique : *vous me chargez , en diſant que j'étois dans la confidence de la dame de la Motte. Je voudrois bien que vous diſſiez comment vous l'avez appris.*

« Je le ſais, parce que j'ai toujours vu, pendant mes
» liaiſons avec la dame de la Motte, qu'elle vous conſultoit,
» ſur tout ce qu'elle faiſoit , & ſur tout ce qu'elle vouloit
» faire. »

Et il finit toujours par convenir, que les déclarations de la demoiſelle d'Oliva ſont de la plus exacte vérité , dans tous les faits qui ſont à ſa connoiſſance. Et il finit par déclarer *qu'il voudroit bien ne s'être jamais trouvé à la ſcène des jardins de Verſailles.* Il y étoit donc préſent.

Et ce n'eſt pas tout encore : dans les derniers actes de l'inſtruction, dans les confrontations ultérieures entre M. le cardinal de Rohan, la dame de la Motte, & le ſieur de Villette , toute la ſcène des jardins eſt avouée. Le ſieur de Villette convient de toutes les circonſtances de cette ſcène inſolente; & la dame de la Motte, qui avoit tout nié dans le principe, finit par être forcée de se trouver d'accord avec le sieur de Villette, & de faire les mêmes aveux.

Et ce n'est pas tout encore : la dame de la Motte s'exprime ainsi dans le dernier mémoire qu'elle vient de publier, & qui est signé d'elle : « Le seul reproche que la » comtesse de la Motte ait à se faire, c'est la scène scanda- » leuse jouée par la demoiselle d'Oliva. Mais, au moins, » cette fille *n'a-t-elle pas su*, elle l'avoue, *que ce fût un rôle* » *éminent* qu'elle alloit jouer, *la dame de la Motte ne lui* » *ayant pas dit autre chose*, si ce n'est qu'elle vouloit se » vanger....... Il n'y a pas d'excuse, sans doute, pour un » projet si audacieux, il n'y en a pas pour la comtesse de la » Motte ». C'en est assez. Voilà qu'il est enfin bien avoué par la dame de la Motte, qu'elle est l'auteur de la scène, & que la demoiselle d'Oliva ignoroit ce qu'on lui faisoit faire.

Avançons : la demoiselle d'Oliva revient à Paris, avec IIIᵉ. Epoque. le sieur de la Motte.

Quelques jours après, la dame de la Motte, de retour elle-même de Versailles, vient visiter la demoiselle d'Oliva, & l'invite à l'aller voir.

La demoiselle d'Oliva s'empresse de lui rendre sa visite.

Elle est invitée à la table de la dame de la Motte. Elle mange souvent chez elle, à Paris, à la campagne ; & la dame de la Motte lui remet en différentes fois, une somme de 4268 livres, dont on a vu le détail dans notre premier mémoire.

La dame de la Motte ne se borne pas à la recevoir ainsi chez elle. Elle la présente dans toutes ses sociétés ; elle l'y fait admettre, sous le nom de *baronne d'Oliva;* elle la mene aux spectacles, aux promenades ; elle la comble d'attentions & de caresses.

Ces liaisons qui d'abord avoient paru si intimes, ne durent pas long-temps. Rien de plus ordinaire. La demoiselle d'Oliva ne tarde pas à voir, que la dame de la Motte la dédaigne, parce qu'elle n'a plus besoin d'elle, & que sa présence n'est propre qu'à lui rappeller des engagemens qui l'importunent. Elle s'indigne de l'accueil insultant de cette femme, & cesse de la fréquenter.

M. le cardinal de Rohan est arrêté, le 15 août 1785; & la dame de la Motte, trois jours après. La demoiselle d'Oliva, que cet événement ne regarde point, qui le croit fort étranger à sa personne & à ses affaires, ne s'en occupe, que comme le public, & reste tranquille chez elle.

Cependant les espérances qu'on lui avoit fait concevoir d'un sort plus heureux, l'avoient rendue moins difficile à contracter des engagemens qu'elle avoit cru pouvoir être bientôt en état d'acquitter. Quelques lettres de change que lui avoient fait souscrire des particuliers qui avoient abusé de sa jeunesse & de son inexpérience, avoient donné lieu à des poursuites rigoureuses, à des jugemens consulaires. Il avoit falu prendre des arrêts de défenses, des lettres de rescision.

C'est dans cette triste situation, que la demoiselle d'Oliva forme le projet d'aller passer quelque temps à Bruxelles, en attendant l'arrangement de ses malheureuses affaires. Elle demande un passeport au gouvernement. Il le lui accorde. Elle vend ses meubles. Elle sort publiquement de la capitale, vers la fin de septembre 1785, environ six semaines après que M. le cardinal de Rohan & la dame de la Motte avoient été arrêtés.

Elle se rend paisiblement à Bruxelles, se reposant sur le témoignage de sa conscience, & toujours bien persuadée

que

que l'affaire de M. le cardinal de Rohan, dont le bruit reten-
tiſſoit dès-lors dans toute l'Europe, ne pouvoit l'intéreſſer en
aucune maniere.

M. le cardinal de Rohan la dénonce enfin à l'autorité,
comme actrice de la ſcène nocturne des jardins de Verſailles;
& elle eſt arrêtée à Bruxelles.

On a vu, dans le principe, & même pendant long-
temps, la dame de la Motte s'obſtiner effrontément à nier
ſes viſites chez la demoiſelle d'Oliva, ſes liaiſons, ſes dîners,
ſes ſoupers, ſes promenades avec elle, & les paiemens qu'elle
lui avoit faits en exécution de ſes engagemens.

Il faut voir à préſent quelle ſuite & quel ſuccès ont eu
ces incroyables dénégations, dans le cours de l'inſtruction
du procès.

Il faut voir la dame de la Motte encore une fois aux
priſes avec la demoiſelle d'Oliva, ſur tous ces faits de la
troiſieme époque.

Un torrent d'injures & de calomnies atroces eſt d'abord
tout ce qui ſort de la bouche de la dame de la Motte. C'eſt
le langage ordinaire de cette femme audacieuſe & violente.
Il ne faut pas s'en occuper.

Elle prétend que la demoiſelle d'Oliva s'eſt déſignée à
elle, comme *baronne d'Oliva*. Si le fait étoit vrai, la dame
de la Motte n'auroit encore aucun reproche à faire à la
demoiſelle d'Oliva. Elle lui auroit donné, la premiere,
l'exemple de cette uſurpation. Seulement, la demoiſelle
d'Oliva auroit eu tort de le ſuivre; car le titre de
baronne d'Oliva ne lui appartenoit pas plus, qu'à vous le
titre de *comteſſe de Valois*, ou de *comteſſe de la Motte*, ou
de *comteſſe de la Motte-Valois*, ou de *comteſſe de Valois-la-
Motte*, noms que vous prenez indifféremment, comme on

le voit par vos écrits, felon le caprice qui vous en prend, ou le befoin que vous en avez.

Mais rien de plus faux & de plus abfurde que votre allégation. Voilà ce qu'elle vous a répondu dans les confrontations. Et vous n'avez rien repliqué.

Vous accufez la demoifelle d'Oliva, d'avoir ufurpé un titre ! L'infortunée ! Elle étoit loin de vous imiter, même en cela, qui eft le moindre de vos délits. Mais vous feule le dites ; & c'eft un témoignage unique, dont il ne peut réfulter aucune preuve légale. Vous feule le dites ; & perfonne ne vous croit, ni ne peut vous croire, quand tous font convaincus que fur tout le refte vous n'avez pas dit un mot de vrai. Vous feule le dites enfin ; & fi votre mari, que la demoifelle d'Oliva devroit voir dans les fers avec les autres accufés, qui n'a point été arrêté avec vous, que la demoifelle d'Oliva réclamoit avec tant d'inftance, d'énergie, & une fi jufte indignation, & dont heureufement elle n'a plus befoin, aujourd'hui que tout eft prouvé contre vous ; fi votre mari, qui n'eft pas moins criminel que vous, mais qui n'eft pas fi hardi ni fi ferme dans le crime ; fi votre mari étoit préfent au procès, il vous foutiendroit que c'eft vous-même qui avez mis fur la tête de la demoifelle d'Oliva ce titre de baronne, dont elle-même vous a fait fentir tout le ridicule.

Vous dites aujourd'hui, dans les confrontations, que la demoifelle d'Oliva ne fe comportoit pas décemment, dans votre fociété. C'eft encore une calomnie atroce. Voilà ce que vous répond la demoifelle d'Oliva, en déclarant, qu'à cet égard, elle en appelle à votre fociété même, en invoquant le témoignage de toutes les perfonnes qui la compofoient. Mais la demoifelle d'Oliva étoit donc de votre fociété. Mais vous vous êtes donc impudemment parjurée, quand vous avez affirmé dans vos premiers interrogatoires, que vous ne connoissiez pas la demoiselle d'Oliva.

Vous dites aujourd'hui, dans les confrontations, qu'elle ne s'est pas comportée décemment, dans votre maison de campagne à Charonne. Elle en appelle encore, à cet égard, à toutes les personnes de votre société de Charonne. Mais vous receviez donc la demoiselle d'Oliva dans votre maison de campagne. Mais vous vous êtes donc impudemment parjurée, quand vous avez affirmé dans vos premiers interrogatoires, que vous ne connoissiez pas la demoiselle d'Oliva.

Vous dites aujourd'hui, dans les confrontations, qu'elle ne s'est pas comportée décemment, dans un déjeûner qu'elle a fait avec vous chez le baron de Lilleroy, officier aux gardes-françoises, rue Grange-Batelliere. La demoiselle d'Oliva, qui n'a connu cet officier que par vous, en appelle encore sur ce fait à lui-même, à son honnêteté, à sa loyauté. Mais vous alliez donc faire des déjeûners en ville, avec la demoiselle d'Oliva. Mais vous vous êtes donc impudemment parjurée, quand vous avez affirmé dans vos premiers interrogatoires, que vous ne connoissiez pas la demoiselle d'Oliva.

Vous dites aujourd'hui, dans les confrontations, qu'elle ne s'est pas comportée décemment dans un souper chez les sieur & dame de la Fresnaye. La demoiselle d'Oliva, qui n'a connu que par vous ces personnes véritablement honnêtes gens, en appelle encore à eux-mêmes, à toutes les personnes qui étoient du souper. Mais vous alliez donc avec la demoiselle d'Oliva, vous la meniez donc souper en ville, chez vos amis, dans toutes vos sociétés. Mais vous vous êtes donc impudemment parjurée, quand vous avez affirmé dans vos premiers interrogatoires, que vous ne connoissiez pas la demoiselle d'Oliva.

Vous dites aujourd'hui , dans les confrontations , que vous vous êtes aperçue, que vos liaisons avec la demoiselle d'Oliva , vous faisoient tort dans vos sociétés , ainsi que l'entrée que vous lui aviez donnée chez vous; & que c'est ce qui vous a obligée de ne plus la voir. C'est encore une autre calomnie. Vous savez fort-bien pourquoi vous avez cessé de la voir. Vous ne vouliez plus remplir vos engagemens avec elle. Vous redoutiez sa présence, ses sollicitations, ses reproches. Et cette nouvelle calomnie, c'est vous-même qui la décelez ; car vous ajoutez, que vous fûtes d'autant plus fâchée de ne plus voir la demoiselle d'Oliva , *qu'elle vous avoit toujours paru très - douce & très - honnête.* Mais vous étiez donc vraiment liée avec la demoiselle d'Oliva, vous l'aviez donc admise chez vous, vous l'aviez donc présentée à vos sociétés, comme une *femme très - douce & très-honnête.* Mais vous vous êtes donc impudemment parjurée, quand vous avez affirmé dans vos premiers interrogatoires, que vous ne connoissiez pas la demoiselle d'Oliva.

Et pour achever de confondre la dame de la Motte , le pere Loth atteste par-tout, & dans sa déposition, & dans ses confrontations avec les accusés, qu'elle n'a cessé de voir la demoiselle d'Oliva, qu'au mois d'octobre ou de septembre 1784 ; & qu'auparavant, il a toujours vu la dame de la Motte, *la traiter très-bien & avec beaucoup d'amitié.*

Voilà pour les sociétés, les déjeûners, les dîners , les soupers , les promenades, où elle admettoit, où elle conduisoit , où elle faisoit admettre la demoiselle d'Oliva. Voyons maintenant l'article des paiemens qu'elle lui a faits , à-compte des 15,000 livres qu'elle lui avoit promises.

Sur ce point, la demoiselle d'Oliva répete , dans ses confrontations , les mêmes détails qu'elle avoit donnés dans son premier mémoire.

Ce qui eſt inoui, ce qui n'aṗartient qu'à la dame de la Motte, c'eſt d'avoir l'audace de nier encore un fait auſſi conſtant, auſſi clairement démontré, que celui de ces paie-mens ſucceſſifs.

Elle nie audacieuſement, dans ſes confrontations avec la demoiſelle d'Oliva, lui avoir jamais remis, ni fait remettre aucune ſomme ; ni même en avoir jamais payé, ou fait payer aucune pour ſon compte. Et comment la défend-elle, cette inconcevable dénégation ?

La demoiſelle d'Oliva diſoit, dans ſon premier mémoire, que, prévenue par la dame de la Motte, qu'elle pouvoit envoyer chez elle, toucher 3000 livres, qui étoient le reſte de ce qu'elle prétendoit pouvoir lui donner à compte des 15000 livres, elle lui avoit en effet dépêché ſon do-meſtique, auquel ces 3000 livres avoient été payées, en trois billets de caiſſe, de 1000 livres chacun. Elle ajoute même, dans la confrontation, qu'après le départ du domeſ-tique, elle avoit envoyé au-devant de lui, une perſonne de confiance, qui ſe trouvoit en ce moment auprès d'elle, & à laquelle il avoit remis les trois billets.

La dame de la Motte répond que, ſi elle eût remis les trois billets de caiſſe au domeſtique, elle s'en feroit fait donner un reçu. Quel miſérable ſubterfuge ! Eh ! qui vous dit que ne vous ne vous l'êtes pas fait donner ce reçu ? Où eſt la preuve que vous ne vous l'êtes pas fait donner ? S'il exiſte, il ne peut être que dans vos mains ; Et vous ne le repréſenterez pas ; car alors, le paiement ſeroit prouvé par vous-même : vous ne pouvez donc oppoſer à la demoiſelle d'Oliva le prétendu défaut d'un reçu que vous ſeule auriez en votre poſſeſſion. Mais qu'auriez-vous eu beſoin de quittance écrite, quand vous n'aviez pas d'engagement écrit ?

La demoiſelle d'Oliva diſoit, dans ſon premier mémoire, que le ſieur de Villette étoit venu chez elle, lui apporter, de la part de la dame de la Motte, un autre à compte de 300 livres.

Elle répond, dans ſes confrontations avec la demoiſelle d'Oliva, que celle-ci ne cite le ſieur de Villette, que parce qu'il eſt abſent ; & que s'il paroiſſoit, elle n'oſeroit pas invoquer ſon témoignage.

Eh bien ! le voici, le ſieur de Villette. Vous ne vous attendiez pas qu'il fût auſſi près de vous. La providence a exaucé les vœux de votre infortunée victime. Elle le demandoit, elle l'appelloit à grands cris. Il eſt arrivé, il paroît enfin, pour vous confondre, ſur ce point, comme ſur tous les autres. Confrontée avec lui, la demoiſelle d'Oliva lui rappelle le paiement des 300 livres apportées par lui, chez elle, & de votre part. Et il l'avoue de la maniere la plus préciſe. Vous êtes confrontée avec lui ; & il vous force au même aveu.

La demoiſelle d'Oliva diſoit, dans ſon premier mémoire, qu'en préſence de deux perſonnes, le pére Loth, & un officier ſupérieur (le baron de Lilleroy), la dame de la Motte s'étoit engagée à payer pour elle une ſomme de 400 livres, au ſieur Gentil, ſon tapiſſier, rue des Bons-Enfans ; que, quelques jours après, le pére Loth étoit venu la trouver, de la part de la dame de la Motte, & s'étoit rendu chez le ſieur Gentil, tapiſſier, pour le prévenir qu'il alloit être payé ; que de-là, le pére Loth, le ſieur Gentil, & elle, s'étoient rendus chez la dame de la Motte, où elle avoit en effet payé les 400 livres au ſieur Gentil.

Qu'on entende le baron de Lilleroy & le ſieur Gentil : ils dépoſeront de tous ces faits.

Mais pourquoi les entendre ? La dame de la Motte & la demoiſelle d'Oliva ſont confrontées au pere Loth ; & il ſoutient tous ces faits à la dame de la Motte, & il la force de les avouer, & elle les avoue.

Oui, il eſt demeuré conſtant, il eſt irrévocablement avoué par ces confrontations, qu'en effet le pere Loth eſt venu, en voiture, prendre la demoiſelle d'Oliva, chez elle, pour aller enſemble chez le ſieur Gentil ; que la demoiſelle d'Oliva n'étant pas encore habillée, le pere Loth eſt remonté dans la voiture, & eſt allé ſeul chez le ſieur Gentil ; qu'il a pris le ſieur Gentil chez lui ; qu'ils ſont revenus enſemble, reprendre la demoiſelle d'Oliva, & ſont allés tous trois, dans la même voiture, chez la dame de la Motte, qui a payé les 400 liv. au ſieur Gentil.

Qu'eſt-il beſoin d'entendre d'autres témoins, quand le ſieur de Villette convient aujourd'hui, dans ſa confrontation avec la demoiſelle d'Oliva, que toutes ſes déclarations ſont vraies, quant aux faits dont il a connoiſſance ; quand il convient qu'il a connoiſſance de tous les paiemens faits par la dame de la Motte, à la demoiſelle d'Oliva ?

Et qu'importeroit que la dame de la Motte eût perſiſté à nier le paiement des 3000 livres, en billets de caiſſe ; un autre paiement de 400 livres, qu'elle eſt venue apporter à la demoiſelle d'Oliva, chez elle, accompagnée de ſon mari ; un autre paiement de 168 livres en or, qu'elle eſt venue, accompagnée de ſon laquais, apporter de même, chez la demoiſelle d'Oliva ? N'y auroit-il pas toujours deux paiemens exactement prouvés ; celui des 400 livres au ſieur Gentil, en préſence & par les ſoins du pere Loth ; & celui de 300 livres, apportées chez la demoiſelle d'Oliva, par le ſieur de Villette ? Qu'importeroit que la dame de la Motte

n'eût payé à la demoiſelle d'Oliva, que 700 livres, au lieu
des 4268 livres articulées par celle-ci dans ſon premier
mémoire ? Qu'importeroit la quotité plus ou moins conſidé-
rable de ces paiemens ? Qu'importe tout cela, quand la dame
de la Motte ne peut pas aſſigner à ces mêmes paiemens,
quels qu'ils ſoient, une autre cauſe que celle qu'a indiquée
la demoiſelle d'Oliva, de l'engagement de la dame de la
Motte, au ſujet de la ſcène des jardins de Verſailles ; quand
le ſieur de Villette, dans les confrontations ultérieures, avoue
tous les autres faits de cette monſtrueuſe affaire, toutes les
fauſſes lettres, toutes les fauſſes ſignatures, tous les écrits
fauſſement attribués à la reine ; quand la dame de la
Motte avoue enfin elle-même, dans ſes confrontations ultérieures, dans ſon dernier mémoire imprimé, ſigné d'elle,
toute cette ſcène des jardins ; quand le ſieur de Villette
avoue & fait avouer à la dame de la Motte, qu'elle
lui a donné une ſomme de 4000 livres, pour ſe ſauver
clandeſtinement en Italie, le 5 août 1785, dix jours avant
que M. le cardinal fût arrêté, treize jours avant qu'elle le
fût elle-même ; quand, au contraire, la demoiſelle d'Oliva
n'eſt allée à Bruxelles, que ſix ſemaines après ; qu'elle n'a
été entraînée dans cette ville étrangere, que par le malheur
de ſes affaires perſonnelles ; qu'elle n'eſt ſortie de la capitale,
que ſous le ſceau & avec la protection du gouvernement ;
qu'elle a donné elle-même à cette émigration momentanée,
toute la publicité poſſible ; faits démontrés par les pieces les
plus authentiques, produites au procès ?

RÉSUMÉ.   VOILA les trois époques que nous avions à diſcuter. Et
maintenant, nous le demandons avec confiance : où eſt le
délit qui puiſſe être imputé à la demoiſelle d'Oliva ? Où eſt la
faute,

faute, où est seulement l'imprudence qu'il soit permis de lui reprocher ?

La demoiselle d'Oliva n'a-t-elle donc pas rempli toutes ses obligations, toute la tâche qu'elle s'étoit imposée ?

Il faloit qu'elle prouvât les faits dont elle est accusée : ils sont portés au plus haut degré d'évidence.

Il faloit qu'elle prouvât que ces faits ne comportent aucun délit : leur innocence est démontrée.

Tout se réduit ici à deux points principaux, qui seuls avoient pu d'abord, & avant toute instruction, présenter l'apparence du crime, & faire la matiere d'une accusation juridique.

Ce sont, d'un côté, le pacte de 15000 livres; de l'autre, la scène jouée dans les jardins de Versailles.

En lui-même, le pacte de 15000 livres n'a point pour motif la perpétration d'un crime. La demoiselle d'Oliva, une fois persuadée que la reine commandoit, n'a dû ni pu croire qu'il fût question de rien qui pût ressembler même à la faute la plus légere. Elle a dû nécessairement croire, qu'au contraire on ne lui proposoit rien que d'honnête & de décent. L'idée seule qu'elle eût eue de toute autre chose, eût été une injure grave envers la majesté du trône, & qu'elle eût dû rejetter avec horreur.

Prétendra-t-on que le pacte n'étoit pas licite, en ce que la demoiselle d'Oliva, pour une somme de 15000 livres, s'obligeoit de faire une chose qui pouvoit être innocente en foi, mais dont on lui laissoit ignorer le motif & le but?

Dans ce cas, il n'en résulteroit qu'une action civile, pour faire prononcer judiciairement la nullité du pacte. Le pacte n'auroit toujours pu fonder une accusation criminelle, ni de la part des perfonnes intéreffées, ni de la part du miniftere public, parce qu'il n'étoit pas fait avec intention de nuire, & qu'il ne nuifoit à perfonne.

Dans fes circonftances, le pacte étoit un crime, un crime atroce, il ne faut pas le diffimuler. Il n'avoit pour bafe, qu'un abus facrilege du nom de la reine. Mais le crime, il étoit tout entier du côté des profanateurs. Eux feuls abufoient d'un nom facré. Ils trompoient la demoifelle d'Oliva. C'eft un point démontré par fon acceptation même, des conventions qu'on lui propofoit. C'eft un point démontré au procès, avoué par la dame de la Motte. La demoifelle d'Oliva étoit dans l'ignorance invincible de la fraude. Elle devoit croire : elle a crû.

Mais devoit-elle croire à la miffion de la dame de la Motte, fans en avoir les preuves les plus claires?

Attendez. Si la demoifelle d'Oliva eût eu le malheur de croire fur les fimples affertions de la dame de la Motte, ce ne feroit point encore un crime. Il n'y a point de crime à croire. Car croire n'eft point un fait, n'eft pas même une intention de faire. C'eft un état de l'ame, purement paffif, qui peut conduire à une intention, mais qui n'en eft pas encore une.

Et puis, comment la demoifelle d'Oliva eût-elle pu s'empêcher de croire? Ne voyoit-elle pas des lettres? Pouvoit-elle, dans fa fimplicité, fuppofer qu'il exiftât une femme affez audacieufe, pour lui montrer comme étant de la reine, des lettres qui n'en étoient pas, des lettres fabriquées dans une fociété de fcélérats?

Mettez-vous un moment à fa place : née dans un état obfcur, jeune, encore mineure, elle ne connoît pas plus le monde, que fes ufages, & l'intrigue, que les affaires.

Timide & simple, foible, crédule & confiante, peut-elle ne pas céder aux insinuations de la plus hardie & de la plus artificieuse intriguante qui fût jamais ? Peut - elle voir les ruses & résister aux prestiges de cette même femme, à laquelle un homme tel que M. le cardinal de Rohan n'a pu échaper, de cette même femme par laquelle il vient de démontrer si victorieusement qu'il avoit été séduit & trompé ? Quoi donc ! il est démontré que M. le cardinal de Rohan a cru ; & la demoiselle d'Oliva auroit pu ne pas croire ! Il est démontré que M. le cardinal de Rohan est innocent, par cela même qu'il a cru ! Et ce seroit d'avoir cru, que vous feriez un crime à la demoiselle d'Oliva !

Non, encore une fois : ce pacte de 15000 livres ne peut être un délit, soit qu'on le considere en lui-même, soit qu'on l'envisage par ses circonstances. On n'y trouve, ni que la demoiselle d'Oliva eût l'intention de nuire, ni qu'elle nuisît en effet à personne.

Si le pacte n'est point un délit, comment la scène des jardins de Versailles, qui n'en est que l'exécution de la part de la demoiselle d'Oliva, pourroit-elle donc être un délit ?

D'abord, qu'a fait la demoiselle d'Oliva dans cette scène nocturne ? A quoi se réduit le rôle qu'elle y a joué ? Qu'y a-t-elle dit ? Qu'y a-t-elle fait ? Rien en soi que de très-simple & de très-innocent.

Abordée avec le témoignage d'un profond respect, par un homme qu'on lui annonçoit être un *très-grand seigneur*, mais qu'elle ne connoissoit pas, & qu'on ne lui avoit pas nommé ; au milieu de la nuit, mais dans un lieu public ; elle lui présente une fleur, qu'on l'avoit chargée de lui remettre ; & elle n'en savoit pas la raison. Elle lui dit deux mots qu'on luî avoit diétés ; & elle n'en favoit pas le fens. Voilà tout ce qu'elle a fait & tout ce qu'elle a dit.

Ni la fleur, ni les deux mots, n'annoncent l'idée d'un délit, ni le mal, ni l'intention du mal, de la part de la demoifelle d'Oliva.

L'intention du mal : la demoifelle d'Oliva ne pouvoit pas l'avoir. Elle ignoroit invinciblement le projet de ceux qui la faifoient agir.

Le mal : comment auroit-elle pu croire en avoir fait, quand, deux heures après, la dame de la Motte vient l'affurer de la fatisfaétion de la reine ; quand, le lendemain encore, elle vient lui lire une lettre qui contient le même témoignage, & *l'affurance d'un fort heureux ?*

Dans cette fatale fcène, la demoifelle d'Oliva ignore, & le perfonnage à qui elle parle, & le perfonnage qu'elle repréfente. Elle l'a dit, elle l'a répété, elle le repéte encore ; & l'on ne fauroit trop fe pénétrer de cette vérité décifive.

Les profanateurs ne lui ont rien dit. Ils ne lui ont fait confidence, ni de leurs intrigues, ni de leurs attentats. La dame de la Motte elle-même l'a conftamment foutenu. Elle vient de le foutenir encore dans fon dernier mémoire imprimé. Le fieur de Villette en convient également. Tout le procès en dépofe.

C'en feroit affez : il faudroit, fans aller plus loin, prononcer l'abfolution de la demoifelle d'Oliva.

Mais le défenfeur eft fi heureux, c'eft une fi douce fatisfaétion pour lui, de pouvoir accumuler les preuves en faveur du malheureux qui lui confie fes plus chers intérêts, de pouvoir faire même au-delà de ce que les loix exigent, de pouvoir vaincre l'opinion, quand la juftice eft fatisfaite !

Un mois s'écoule à peine, depuis la scène des jardins; & la dame de la Motte refuse de remplir le reste de ses engagemens, & ne reçoit plus la demoiselle d'Oliva chez elle. Elle la dédaigne; elle la fuit. Si la demoiselle d'Oliva eût eu la moindre connoissance des intrigues de la dame de la Motte, & du véritable motif de la scène des jardins, la dame de la Motte se feroit-elle conduite ainsi ? N'auroit-elle pas craint que ces horribles secrets ne fussent dévoilés par la demoiselle d'Oliva, pour se venger de ses dédains & de son infidélité ?

Dans le tems même de la scène des jardins, & l'avant-veille de cette scène, & peu de jours après, la demoiselle d'Oliva raconte à différentes personnes ce qui s'étoit passé. Elle en parle à des ouvrieres qui travaillent pour elle, elle en parle à ses créanciers. Elle leur raconte *qu'une femme de qualité lui a fait faire quelque chose pour la reine, & qu'elle doit en avoir 15,000 livres.* Ce sont même ces indiscrétions, qui font arrêter, accuser, décréter, emprisonner la demoiselle d'Oliva. Sans ces indiscrétions, sans la probité courageuse qu'elle a eue de s'accuser elle-même, la plus profonde obscurité régneroit peut-être encore dans ce monstrueux procès. Si la demoiselle d'Oliva eût su quel rôle elle avoit joué, quelle personne elle avoit trompée, ne l'auroit-elle pas dit également? Ne l'auroit-elle pas dit, comme elle avoit dit tout le reste, sans en connoître les conséquences ?

M. le cardinal de Rohan est arrêté le 15 août 1785. Ni avant, ni après cet événement, on ne voit point la dame de la Motte rechercher la demoiselle d'Oliva, quoique la dame de la Motte ne puisse pas ignorer qu'elle va subir le même sort. Et, dès le 5 août, la dame de la Motte donne 4000 livres au sieur de Villette, pour se sauver en Italie.

Si la demoiſelle d'Oliva eût eu la moindre connoiſſance de leurs intrigues, ſi elle eût ſu le rôle qu'ils lui avoient fait jouer, ſi leur ſecret eût été dans ſes mains, la dame de la Motte n'auroit-elle pas craint que la demoiſelle d'Oliva ne fût arrêtée, que la demoiſelle d'Oliva ne la perdît, tout-à-la-fois, par ſon indiſcrétion & ſa probité ? ne l'auroit-elle pas recherchée ? ne l'auroit-elle pas payée ? ne l'auroit-elle pas fait fuir comme le ſieur de Villette ?

Mais rappellez - vous les circonſtances de la ſcène des jardins, les diſcours tenus à la demoiſelle d'Oliva, par les profanateurs, au moment de cette ſcène abominable, & avant qu'elle commençât.

« La reine s'y trouvera, pour voir comment ſe paſſera votre
» entrevue. Elle vous parlera. Elle eſt-là. Elle ſera derriere
» vous. Vous allez vous-même lui parler tout-àl'heure. »

Ces paroles cauſent à la demoiſelle d'Oliva la plus vive émotion. Elle tremble. Elle ignore comment il faut parler à la reine. Elle demande de quels termes il faut ſe ſervir. Les profanateurs l'en inſtruiſent : *vous direz*, *VOTRE MAJESTÉ*. La demoiſelle d'Oliva ne peut plus douter de la préſence de la reine.

Quand il s'agit de repréſenter une perſonne, aſſurément elle ne doit pas être préſente. Autrement, le traveſtiſſement devient impraticable, & l'homme qu'on veut rendre dupe de la ſupercherie, la voit, & ne peut pas l'être ; & l'individu chargé de l'exécution, ne peut pas croire que ç'eſt de la perſonne préſente, qu'on lui fait jouer le rôle.

Comment donc ces intriguans ſi profonds, les ſieur & dame de la Motte, auroient-ils imaginé de dire à la demoiſelle d'Oliva, qu'elle repréſenteroit la reine, lorſqu'ils l'avertiſſoient de la préſence de la reine ? Comment auroit-elle pu imaginer elle-même que c'étoit ce rôle qu'on avoit l'infolente audace de lui faire jouer? Pour qu'elle eût pu le penfer, pour qu'ils euffent pu le lui faire croire, il auroit falu qu'ils lui diffent précifément le contraire ; il auroit falu du moins qu'ils ne lui perfuadâffent pas que la reine étoit dans les jardins. Il eft donc impoffible qu'ils aient dit à la demoifelle d'Oliva, le rôle qu'ils lui faifoient jouer. Il étoit donc poffible que la demoifelle d'Oliva le crût, ni qu'elle en eût le moindre foupçon. Il étoit donc impoffible qu'elle ne crût pas jouer un tout autre rôle.

Et remarquez que tous ces argumens fi péremptoires, auxquels il n'y a pas de réponfe, s'appliquent également, & avec la même force, à ce qui regarde perfonnellement M. le cardinal de Rohan. Ce prince avoit l'honneur de connoître la reine. Les profanateurs ne pouvoient donc pas dire à la demoifelle d'Oliva, que c'étoit lui qu'ils trompoient, en faifant jouerà la demoifelle d'Oliva le rôle de la reine. La demoifelle d'Oliva n'auroit donc pas pu nonplus fe le perfuader.

Il eft donc impoffible, & qu'elle ait fu qu'elle repréfentoit la reine, & qu'elle ait fu que c'étoit M. le cardinal de Rohan que l'on trompoit.

Il eft donc impoffible qu'elle ait eu l'intention criminelle de repréfenter la reine, ni de tromper M. le cardinal de Rohan.

Il eft donc impoffible, fi c'eft un pareil rôle qu'on a eu l'infolence de lui faire jouer, & fi c'eft par un pareil rôle que M. le cardinal de Rohan a été trompé, d'en imputer le crime à la demoifelle l'Oliva.

Il eft donc impoffible qu'à cet égard, comme à tous autres, elle foit coupable d'aucun délit.

Oui, c'eft trop peu de dire qu'elle eft innocente : il faut ajouter, qu'il n'étoit pas poffible qu'elle fût coupable.

Elle eſt innocente! Il étoit impoſſible qu'elle fût coupable!

Voilà pourtant ce que devient ce corps de délit dont vous vouliez charger ſa tête, & dont la recherche ſemble occuper, depuis huit mois, l'Europe entiere!

Entendez-vous les plaintes, les gémiſſemens, les cris douloureux de cette victime infortunée d'une intrigue dont elle étoit incapable de concevoir l'idée, d'une intrigue qu'elle ne connoiſſoit pas, & qu'elle n'a pas pu connoître?....

Si j'avois eu le malheur de commettre une imprudence, une faute, même une faute grave, n'en ferois-je pas déja trop punie, par les traitemens inhumains qu'on m'a fait eſſuyer, par la longue & dure captivité que j'éprouve, par la déplorable ſituation où je me vois réduite?

Et le châtiment qu'a exercé ſur moi la main de l'autorité, pourroit-il ſe renouveller, s'aggraver encore par la main de la juſtice?

Mon infortune, mon infortune ſeule, me force à me réfugier pour quelques momens dans un pays étranger. J'avois à peine poſé le pied ſur cette terre hoſpitaliere, où je jouiſſois de la protection du droit des gens. Je ſuis arrêtée, jettée dans une priſon, traînée dans ma patrie, accuſée, décrétée, interrogée.

Il n'exiſtoit aucune trace des faits qui s'étoient paſſés ſous mes yeux. On n'avoit nulle eſpérance qu'on pût jamais en acquérir la preuve. Je pouvois tout nier. Je le pouvois d'autant plus, que ces faits ne comportoient aucun délit que ma conſcience étoit tranquille, quand la loi venoit me fraper.

Telle eſt cependant ma conduite: je donne, oui, je puis le dire, je m'honore, dans ma miſere, de donner peut-être l'exemple de la probité la plus ſévere & la plus rare. A
péri

péril de me perdre, j'ai le courage de me vouer à la vérité.
J'ai le courage de lever le voile qui cache le crime & les
coupables.

Et déja le tribunal de l'opinion, ce tribunal si terrible
aux méchans, prononce sur tous les accusés. Et déja, j'ai du
moins la consolation de voir que j'inspire quelque intérêt;
tandis que la dame de la Motte & le sieur de Villette ont
autant d'adversaires, qu'il existe d'individus dans la France
& dans l'Europe entiere.

Interrogez toutes les personnes à la garde desquelles la
dame de la Motte & moi nous avons été confiées : qu'elles
disent ce qu'elles ont vu. D'un côté, l'arrogance, l'audace, la fureur ; de l'autre, les sanglots & les larmes, la
douceur & la résignation. Ce sont là, sans doute, les caracteres qui distinguent le crime & l'innocence : & ce sont
là les caracteres qui ont distingué la dame de la Motte
& son infortunée victime.

Et la diffamation, la calomnie, viennent m'attaquer, me
déchirer, jusques sous les yeux, jusques dans le sanctuaire
de la justice! La dame de la Motte ose me parler de *décence*,
d'*honnêteté*, de *mœurs ! * Elle!.... O justice divine, à quel excès
d'humiliation & d'opprobre m'avois-tu donc réservée ! J'ai
pu me livrer aux illusions de mon âge; & puisqu'il faut le
dire enfin, je puis avoir eu des torts, je puis avoir des
foiblesses à me reprocher. Mais s'il existe un seul de mes
concitoyens, qui croye avoir à se plaindre de moi; qu'il se
leve, qu'il parle, &qu'il me dénonce.

Mais des intrigues ! Mais des vols, des escroqueries, des
faux, des profanations d'un nom sacré ! Ce sont là les
crimes de la dame de la Motte & de ses complices. Ce
sont là les crimes qu'il s'agit de juger. Ce n'est que sur

la dame de la Motte & fes complices, que peuvent fraper les vengeances légales.

M. le cardinal de Rohan eft innocent. Ah ! fans doute, il l'eft, puifqu'il ne pouvoit être coupable, qu'autant qu'il n'auroit pas été trompé ; puifqu'il eft maintenant démontré, que c'eft l'intrigue la plus criminelle & la plus exécrable déception qui l'ont aveuglé.

Mais en fuis-je moins malheureufe ? En doit-il moins compte aux loix & à moi-même, de tous les maux que j'ai foufferts, par l'effet de fa dénonciation ? *Signé* M. N. LE GUAY D'OLIVA.

GRAND'CHAMBRE ASSEMBLÉE.

Meffieurs TITON & DUPUIS DE MARCÉ, rapporteurs.

Me BLONDEL, avocat.

VIGNAULT DE VILLARS, procureur.

PIECES JUSTIFICATIVES.

N° I.

1er feptembre 1761.

Extrait baptiftaire de demoifelle le Guay.

Extrait des regiftres des baptêmes de l'églife paroif-
fiale de faint Laurent, à Paris. Le 1er feptembre de l'an 1761,
fut baptifée Marie-Nicole, née de ce jour, fille de Claude
le Guay, bourgeois de Paris, & de Marguerite David fa
femme, demeurans rue faint Martin de cette paroiffe; le
parain, Nicolas-Vincent Cardon, maître fculpteur, rue
Meflée, paroiffe faint Nicolas-des-Champs; la maraine, Marie
Barrois, femme de François Clavelle, bourgeois de Paris,
demeurans porte faint Denis de cette paroiffe, lefquels & le
pere ont figné à la minute. Collationné à l'original, & délivré
par moi fouffigné, prêtre, premier vicaire de la fufdite pa-
paroiffe de faint Laurent. A Paris, ce 20 feptembre 1785.
Signé CHEVALIER.

N° I I.

11 juin 1784.

Extrait de la tranfaction par laquelle les héritiers du dépofitaire
à qui la mere de la demoifelle le Guay avoit confié une fomme
d'argent pour être remife à fa fille, s'obligent à lui reftituer
feulement 4000 livres, avec les intéréts à compter du jour de
la demande.

PAR ladite tranfaction paffée pardevant Garcerand &
Allaume, notaires au châtelet de Paris, le 11 juin 1784,
appert les héritiers d'Antoine Legras, bourgeois de Paris,
demeurant rue des Martyrs, s'être obligés à payer à la de-

moifelle le Guay la fomme de 4000 livres, avec les intérêts à compter du jour de la demande, dont ils fe font reconnus débiteurs envers elle, comme héritiere de fa mere.

N° I I I.

10 janvier 1784.

Arrêt de défenfes obtenu par demoifelle le Guay contre un de fes créanciers.

L O U I S, par la grace de Dieu, roi de France & de Navarre : au premier huiffier de notre cour de parlement ou autre notre huiffier ou fergent fur ce requis ; favoir faifons, que vu par notredite cour la requête préfentée par Marie-Nicole le Guay, mineure, à ce qu'il plût à notredite cour autorifer la fuppliante à procéder fur l'appel ci-après, fous l'affiftance de Me Polle de Crefne, fon procureur; en conféquence les recevoir appellans, tant comme de juge incompétent qu'autrement de fentence rendue contre ladite le Guay, fuppliante, aux confuls de Paris, le 7 janvier préfent mois, au profit du fieur Angomard, tenir l'appel pour bien relevé, permettre d'intimer audience, & cependant faire défenfes d'exécuter ladite fentence, à peine de nullité : vu auffi les pieces attachées à ladite requête, fignée Polle de Crefne, procureur; conclufions de notre procureur général ; oüi le rapport de Me Pierre Lattaignant, confeiller, tout confidéré :

Notredite cour autorife la fuppliante à procéder fur l'appel ci-après fous l'affiftance de Polle de Crefne, fon procureur en icelle ; en conféquence reçoit les fupplians appellans, tient l'appel pour bien relevé ; leur permet de faire intimer qui bon leur femblera fur ledit appel, fur lequel les parties auront audience au premier jour, & cependant fait défenfes d'exécuter ladite fentence, paffer outre & faire pourfuites & procédures ailleurs qu'en notredite cour, à peine de nullité, 1000 livres d'amende, dépens, dommages, intérêts. Si mandons mettre le préfent arrêt à exécution. Donné en p[...] le 10 janvier 1782.

N° I V.

13 juillet 1785.

Lettres de refcifion prifes par demoifelle le Guay contre un de fes créanciers.

L O U I S, par la grace de Dieu, roi de France & de Navarre : à nos amés & féaux confeillers les gens tenans notre cour de parlement à Paris, de la partie de notre amée Nicole le Guay, fille mineure de Claude le Guay, bourgeois de Paris, & de Marguerite David fon époufe, ladite mineure le Guay émancipée d'âge, procédant fous l'autorité de fon curateur & ledit curateur audit nom, nous a été expofé qu'un fieur Nathan, juif, fe difant négociant à Paris, abufant de la jeuneffe de l'expofante & de fon inexpérience, lui a fait accepter une foule de lettres de change fans la moindre connoiffance, & fans en avoir reçu la valeur ; que déja ledit Nathan lui a préfenté & fait protefter fur elle une lettre de change datée de Rouen, le premier juin dernier, payable au 30 du même mois, tirée par un nommé Gibelle au profit dudit Nathan & acceptée par l'expofante ; que dans cette circonftance, ignorant le nombre des lettres de change, leur date & le tems de leur échéance, & même lui en ayant été fait accepter en blanc fans expreffion de valeur, fans caufe & fans date, ce qui rend ledit Nathan arbitre de la fortune de l'expofante en rempliffant ces lettres, ainfi acceptées, de quelle fomme il lui plaira, & en les préfentant, à quelle époque & au nom de qui il jugera à propos ; comme auffi pouvant tenir lefdits engagemens fecrets jufques à la majorité de l'expofante, faire des procédures clandeftines, & laiffer même écouler le tems utile pour la reftitution ; à quoi voulant obvier, l'expofante, fous l'autorité de fon curateur, defireroit fe faire reftituer non-feulement contre la lettre de change ci-deffus datée, mais encore contre toutes les acceptations des lettres de change dont il s'agit, & fignées par l'expofante en minorité, nous fuppliant de lui accorder nos lettres fur ce néceffaires. A ces caufes, defirant fubvenir à nos fujets fuivant l'exigence des cas, & traiter favorablement l'expofante, vous mandons que les parties plaidantes devant vous, & s'il vous appert de ce que deffus, notamment que ladite Nicole le Guay foit encore mineure, & ne foit ni marchande ni négociante, vous, fans vous arrêter à la lettre de change, en date du 1er juin dernier, échue au 10 de ce mois, non plus qu'à toutes autres acceptations de ladite expofante, lefquelles ne voulons lui nuire ni préjudicier, vous ayez à remettre les parties en tel & femblable état qu'elles étoient avant lefdites acceptations, & faffiez au furplus bonne & briéve juftice aux parties; car tel eft notre plaifir. Donné en la chancellerie de notre palais à Paris, le treizieme jour de juillet, l'an de grace 1784, & de notre regne le douzieme.

N.º V.

Arrêt de défenfes obtenu par demoifelle le Guay contre un de fes créanciers.

LOUIS, par la grace de Dieu, roi de France & de Navarre : Au premier huiffier ou fergent fur ce requis ; fçavoir faifons, que vu par la cour, la requête préfentée par Nicole le Guay, fille mineure émancipée d'âge, procédant fous l'autorité de fon curateur, & ledit curateur audit nom ; à ce qu'il plût à la cour recevoir les fupplians appellans, tant comme de nullité qu'autrement, de fentence rendue contre Nicole le Guay, au confulat de Paris, le 13 de ce mois, au profit du fieur Nathan, juif, négociant à Paris ; portant condamnation contre Nicole le Guay, du montant de la lettre de change de 216 livres, préfentée le 11 juillet préfent mois ; enfemble de tout ce qui a précédé & fuivi, tenir l'appel pour bien relevé, intimer audience ; comme auffi ordonner commiffion être délivrée aux fupplians; à l'effet de faire affigner en la cour, dans les délais de l'ordonnance, ledit Nathan & tous autres, pour voir dire que les lettres de refcifion obtenues en la chancellerie du palais à Paris, le 13 juillet préfent mois, contre les différens engagemens furpris à ladite le Guay, feront & demeureront entérinées, & lefdits engagemens & acceptations ainfi fignés, acceptés le Guay, déclarés nuls & de nul effet; & cependant faire défenfes d'exécuter la fentence dudit jour 13 juillet préfent mois, & audit Nathan & autres porteurs de lettres de change acceptées par la mineure le Guay, d'exercer aucunes contraintes contr'elle & procéder ailleurs qu'en la cour, à peine de nullité; vu auffi les pieces attachées à ladite requête, fignée Polle de Crefne, procureur. Conclufions du procureur général du roi: oui le rapport de Me Lattaignant, confeiller: tout confidéré. La cour reçoit les fupplians appellans, tient l'appel pour bien relevé, leur permet de faire intimer fur ledit appel, & d'affigner en la cour qui bon leur femblera, aux fins de leur requête; ordonne que fur le tout les parties auront audience au premier jour, & cependant fait défenfes d'exécuter ladite fentence, & audit Nathan & autres porteurs d'engagemens, foufcrits ou acceptés par ladite le Guay, fuppliante, de paffer outre & faire pourfuites & procédures ailleurs qu'en cette cour, à peine de nullité, mille livres d'amende, dépens, dommages & intérêts. Fait en parlement, le 14 juillet 1785.

N° V I.

22 mai 1786.

Lettre écrite par M. Durival, premier commis des affaires
étrangeres, au curateur de mademoifelle le Guay, au fujet
du paffeport qui lui a été donné lorfqu'elle eft partie de Paris
pour Bruxelles, lequel paffeport a été égaré.

Verfailles le 22 mai 1786.

J'AI reçu, monfieur, la lettre que vous m'avez fait l'honneur de m'écrire le 20 du courant.

Je viens de vérifier sur le registre des passeports qui s'expédient dans le département des affaires étrangeres, que le 23 septembre de l'année derniere, il en a été délivré un valable pour trois semaines, en vertu d'un certificat de la police de Paris, suivant la regle, sous le nom de demoiselle Marie-Nicole le Guay, allant à Bruxelles : cette piece fut adressée le lendemain 24 à M. le lieutenant général de police, pour la faire remettre à sa destination selon l'usage. Cet éclaircissement, monsieur, répond à ce que vous desirez de moi touchant la délivrance du passeport dont il s'agit.

J'ai l'honneur d'être très-parfaitement, &c. *Signé* DURIVAL.

Me BLONDEL, avocat.

A PARIS, chez P. G. SIMON, & N. H. NYON
Imprimeurs du Parlement, *rue Mignon.*

www.ingramcontent.com/pod-product-compliance
Lightning Source LLC
LaVergne TN
LVHW021818170726
843503LV00007B/3249